Das kleine GLÜCKS Buch

GROH

DAS KLEINE GLÜCK IST ÜBERALL!

WIR MÜSSEN
DAS GLÜCK NICHT SUCHEN,
DENN DAS GLÜCK
FINDET UNS –
ALLES, WAS
WIR TUN MÜSSEN,
IST ES EINZULADEN.

GLÜCK ENTSTEHT OFT
DURCH AUFMERKSAMKEIT IN

KLEINEN DINGEN.

WILHELM BUSCH

IN UNS SELBST LIEGEN DIE

STERNE

UNSERES GLÜCKS.

Heinrich Heine

DIE HÖCHSTE FORM DES GLÜCKS
IST EIN LEBEN MIT
EINEM GEWISSEN GRAD AN

VERRÜCKTHEIT.

Erasmus von Rotterdam

MAN BRAUCHT NUR MIT **LIEBE**
EINER SACHE NACHZUGEHEN,
SO GESELLT SICH DAS GLÜCK HINZU.

JOHANNES TROJAN

DAS GLÜCK DES LEBENS BESTEHT NICHT DARIN,

WENIG ODER KEINE SCHWIERIGKEITEN

ZU HABEN, SONDERN SIE ALLE ZU

ÜBERWINDEN.

Carl Hilty

DEINE ERSTE PFLICHT IST,
DICH SELBER GLÜCKLICH ZU MACHEN.
BIST DU GLÜCKLICH,
SO MACHST DU AUCH ANDERE GLÜCKLICH.

Ludwig Feuerbach

ES GIBT KEINEN WEG ZUM GLÜCK.

GLÜCKLICHSEIN IST DER WEG.

BUDDHA

UM GLÜCK ZU EMPFINDEN,
MUSS MAN BEREIT SEIN,
SICH ZU ÖFFNEN UND
IN SICH
RUHEN.
Alain Delon

DAS GLÜCK IST WIE EIN SCHMETTERLING:

WENN WIR GANZ RUHIG

INNEHALTEN,

DANN LÄSST ES SICH
AUF UNS NIEDER.

Nathaniel Hawthorne

DAS GLÜCK WOHNT
NICHT IM BESITZ
UND NICHT IM GOLD,

DAS GLÜCKSGEFÜHL

IST IN DER

SEELE

ZU HAUSE.

DEMOKRIT

LERNE LOSZULASSEN,
DAS IST DER

SCHLÜSSEL

ZUM GLÜCK.

BUDDHA

FREUDE KANN
DREIMAL
BEGLÜCKEN:
ALS ERWARTUNG,
ALS ERLEBNIS,
ALS ERINNERUNG.

Othmar Capellmann

GLÜCK IST NICHT EINE STATION,
BEI DER MAN ANKOMMT,
SONDERN EINE
ART ZU REISEN.
Margaret Lee Runbeck

DAS GLÜCK IST WIE DAS MEER.
SEINE WELLEN KOMMEN IMMER WIEDER.

unbekannt

DAS GEHEIMNIS DES GLÜCKS IST
DIE FREUDE IN UNSEREN HÄNDEN.

Ralph Waldo Emerson

WER FREUDE GENIEẞEN WILL,
MUSS SIE TEILEN.

DAS GLÜCK WURDE ALS ZWILLING GEBOREN.

LORD BYRON

GLÜCK IST, DEN EIGENEN
KURS

ZU BESTIMMEN.
Jeremy A. White

DAS GLÜCK IM LEBEN

HÄNGT VON DEN

GUTEN
GEDANKEN

AB, DIE MAN HAT.

Marc Aurel

GLÜCK GLEICHT DURCH HÖHE AUS,
WAS IHM AN LÄNGE FEHLT.

Robert Lee Frost

GLÜCKLICH,

WER SICH GENÜSSE ZU VERSCHAFFEN WEIß…

Giacomo Casanova

DAS GLÜCK ERKENNT MAN
NICHT MIT DEM KOPF,
SONDERN MIT DEM

HERZEN.

Aus Norwegen

MAN MUSS NUR WARTEN KÖNNEN,
DAS GLÜCK KOMMT SCHON.
Paula Modersohn-Becker

Ein kleines Stück vom Glück, vielleicht auch ein großes.

Glücksklee, Hufeisen, Schornsteinfeger und mehr finden Sie auf:

www.groh.de

facebook.com/grohverlag

Bildnachweis: Titel: lujing/iStock/Thinkstock; S. 4/5: Fotolia/Diana Taliun; S. 6/7: Hirurg/iStock/Thinkstock; S. 8/9: Henrik Sorensen/Photodisc/Getty Images; S. 10/11: Photocase/marshi; S. 12/13: GlobalP/iStock/Thinkstock; S. 14/15: Mableen/E+/Getty Images; S. 16/17: Stacey Newman/iStock/Thinkstock; Aleksandra Gigowska/Hemera/Thinkstock; S. 18/19: Fotolia/trainman32, S. 20/21: Davies and Starr/Stone/Getty Images; S. 22/23: Hiroshi Higuch/Stockbyte/Getty Images; S. 24/25: Luxx Images/Digital Vision/Getty Images; S. 26/27: _Vilor/iStock/Thinkstock; S. 28/29: kevinebrine/iStock/Thinkstock; S. 30/31: BJI/Blue Jean Images/Getty Images; S. 32/33: Melissa Tse/Moment/Getty Images; S. 34/35: Eduard Lysenko/iStock/Thinkstock; S. 36/37: Fotolia/Alexey Protasov; S. 38/39: verdateo/iStock/Thinkstock; S. 40/41: Wendy Kreeftenberg/ Buiten-beeld/Minden Pictures/Getty Images; S. 42/43: Tawintaew/iStock/Thinkstock; S. 44/45: Fotolia/wundth; S. 46/47: Liane Riss/Westend61/Corbis.

Textnachweis: Wir danken allen Autoren bzw. deren Erben, die uns freundlicherweise die Erlaubnis zum Abdruck von Texten erteilt haben, sowie dem Ennsthaler Verlag, A-Steyer für den Abdruck auf S. 26/27: Aus: Othmar Capellmann, Güte, Ordnung, Harmonie, © Ennsthaler Verlag, A-Steyer.

ISBN 978-3-8485-1268-3

147009-4253-01

LEBENSFREUDE 1000 DANK

GLÜCK GELASSENHEIT

KLEINE FREUDEN

Einen guten Tag ein JA SCHENKEN

Schenken ist keine einfache Angelegenheit. Wir wollen die Beschenkten ja glücklich machen. Also begeben wir uns bei GROH stets aufs Neue auf die Suche nach dem Glück – und finden es in vielen kleinen Dingen. Inspirierende Zitate, bewegende Bilder, liebevolle Worte. Eigentlich ist es nämlich ganz einfach: immer mit dem Herzen schenken! Dann machen Geschenke einen normalen Tag zu einem ganz besonderen. Und dazu tragen wir bei.

Ihr Joachim Groh